# もくじ

この本の使い方 …………………………………………………………… 4

## 第1章 貿易ってどんなもの？

貿易って何だ？ …………………………………………………………… 6

貿易はなぜ必要なの？ …………………………………………………… 8

日本は貿易立国？ ………………………………………………………… 10

日本の貿易の歩み ………………………………………………………… 12

日本は何を輸出入しているの？ ………………………………………… 14

日本の貿易相手国 ………………………………………………………… 16

日本の貿易港 ……………………………………………………………… 18

関税って何？ ……………………………………………………………… 20

円高・円安って何？ ……………………………………………………… 22

コラム 日本ではじめての貿易会社　亀山社中 ……………………… 24

## 第2章　貿易新時代

公正公平な貿易を！ WTOとは？ ……………………………………26

より自由な貿易を！ ……………………………………………………28

事例で見るEPA・FTA …………………………………………………30

TPPって何だ！ …………………………………………………………32

TPPとEPA・FTAのちがい ……………………………………………34

TPP参加で関税はどうなるの？ ………………………………………36

TPPに参加することのメリットは？ …………………………………38

TPPに参加することのデメリットは？ ………………………………42

具体的事例で考えるTPP ………………………………………………46

コラム　もしも日本が鎖国のままだったら ……………………………48

## 第3章　これからの貿易

貿易と環境破壊 …………………………………………………………50

貿易摩擦 …………………………………………………………………52

広がる経済格差 …………………………………………………………54

海外だのみの食料と資源 ………………………………………………56

工場の海外移転と産業の空洞化 ………………………………………58

コラム　外国人観光客が増えたわけは？ ………………………………60

おわりに …………………………………………………………………61

さくいん …………………………………………………………………62

# この本の使い方

## 第1章　貿易ってどんなもの？

わたしたちの生活には外国からの輸入、つまり「貿易」の恩恵を受けているものがたくさんあります。ではその貿易は、いったいどんなしくみで成り立っているのでしょうか？

## 第2章　貿易新時代

外国との貿易をスムーズにするために、また、自分の国の産業が輸入品によっておとろえることのないように、世界の各国はさまざまな工夫をしています。

## 第3章　これからの貿易

国が繁栄を続けていくためには、いったいどんなことが必要なのでしょう。貿易に関して、現在の日本国内でおきているさまざまな問題と、その対処法について、考えてみましょう。

- テーマが23個あります。
- しくみをイラストや図で解説
- 知識が広がるコラム

## こうやって調べよう

- ● 貿易の基本的なことについて知りたい　⇒⇒　第1章
- ● 輸入品と国産品のバランスを守るためにどんな工夫をしているの？　⇒⇒　第2章
- ● 輸入品が増えるとともに、どんな問題がおきているの？　⇒⇒　第3章

# 第1章 貿易ってどんなもの？

# 貿易って何だ？

## 国によって得意なもの、不得意なものはちがいます！

先進国ではとくに、自国で製品を生み出す技術について得意・不得意がはっきりとしている国が少なくありません。それに対し、発展途上国のなかには得意なものがはっきりしていないところもあります。しかし、先進国が発展途上国の小さな「得意」を買い、その結果、両国で助け合うことも大切です。それにより、世界全体の経済が発展するのです。

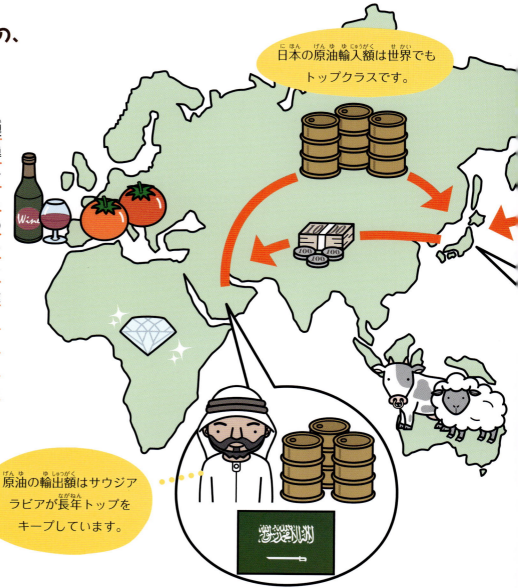

日本の原油輸入額は世界でもトップクラスです。

原油の輸出額はサウジアラビアが長年トップをキープしています。

## 得意をいかし、足りないところを買う？

石油などの資源が豊富にある国、コーヒーなどの農産物が多くとれる国、パソコンやテレビなどの工業製品をつくるのが得意な国など、国によって良いところはちがいます。外国に良いところを売るのが「輸出」、逆に足りないものを買うのが「輸入」です。これらにより、良いものが世界中に広がります。それこそが「貿易」というものです。貿易を通じ、「お金」は世界をめぐります。

▶▶▶ 第1章 貿易ってどんなもの？

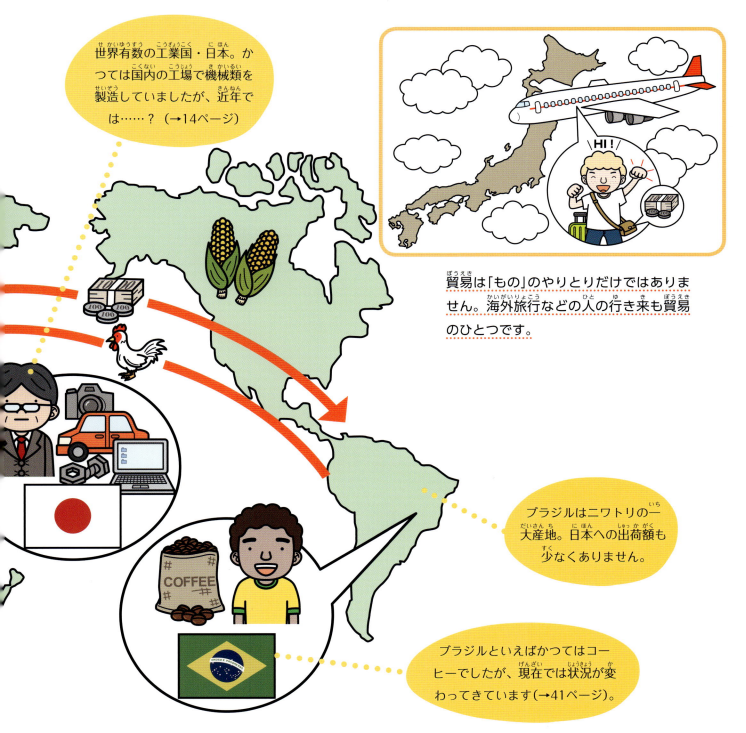

世界有数の工業国・日本。かつては国内の工場で機械類を製造していましたが、近年では……？（→14ページ）

貿易は「もの」のやりとりだけではありません。海外旅行などの人の行き来も貿易のひとつです。

ブラジルはニワトリの一大産地。日本への出荷額も少なくありません。

ブラジルといえばかつてはコーヒーでしたが、現在では状況が変わってきています(→41ページ)。

## 海外旅行も貿易のひとつ

　貿易は「もの」のやりとりだけではありません。たとえば、日本には観光を目的として多くの外国人がやってきます。逆に日本人も海外旅行へと出かけます。こうした海外旅行でも「サービス」という見えないものを国どうしで売り買いしているのです。「もの（「財」ともいいます）」と「サービス」を合わせたやりとりが貿易の大きな役割のひとつです。

7

# 貿易はなぜ必要なの？

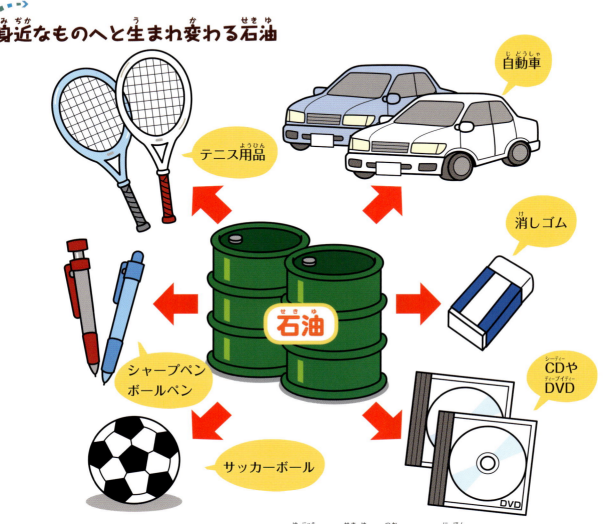

## 身近なものへと生まれ変わる石油

輸入した石油を使って、日本はさまざまなものをつくり出します。石油は工業製品に不可欠なものなのです。

## 輸出と輸入の大切さ

　海外への輸出はなぜ必要なのでしょうか？　その答えのひとつに「海外へものを売ってお金を得なければ、海外からものを買うことはできないから」ということがあります。日本の経済を発展させるためにも、輸出は確かに重要です。では、輸入の大切さにはどんなことがあるでしょう。
　たとえば石油は、日本にほとんどない資源です。この石油の輸入により、わたしたちは多くの工業製品をつくり出します。輸入した資源はいろいろなものに生まれ変わり、生活を豊かにします。

▶▶▶ 第1章 貿易ってどんなもの？

## 共存共栄で地球資源を有効に！！

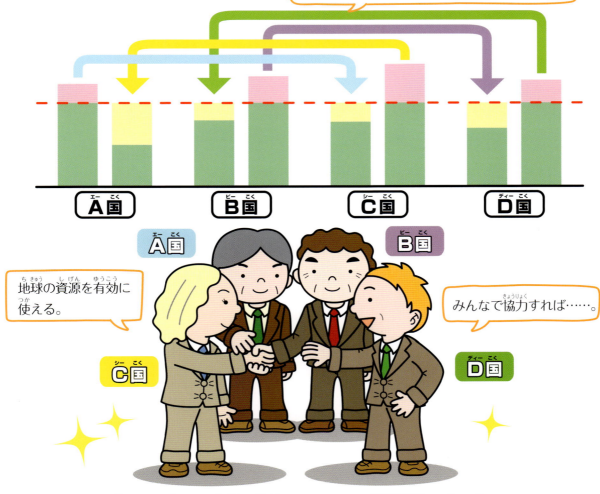

足りないところを補い合うのが「貿易」です。

地球の資源を有効に使える。

みんなで協力すれば……。

「売る」と「買う」を各国で分担することで、「共存共栄」が成り立ち、地球全体に恵みが広がることになるのです。

---

> **ミニコラム**
>
> ### 倭寇って、海賊？
>
> 13〜16世紀に中国や朝鮮の沿岸で海賊行為をしていた集団の中国、朝鮮での呼び名です。日本人もいたものの、ほとんどは中国人だったといわれます。この倭寇は、日本との貿易を禁止していた中国（明）と日本の商人とをつなぐ密輸貿易集団という役割ももっていました。16世紀のなかごろには、当時、各国とやりとりする力をもっていたスペインやポルトガルの商人と競争するほどでした。
>
>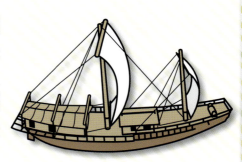
>
> 倭寇時代に使われた船「高麗船」

# 日本は貿易立国？

### 世界貿易輸出入額ランキング (2014)

2000年代に入って急激な成長をとげた中国は、まぎれもない貿易立国といえるでしょう。

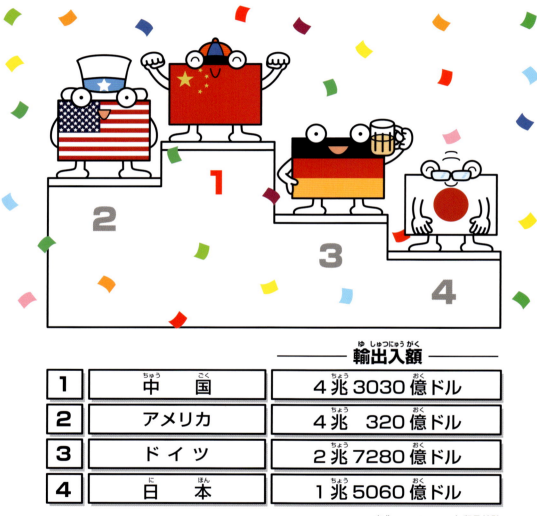

| | | 輸出入額 |
|---|---|---|
| 1 | 中　　国 | 4兆3030億ドル |
| 2 | アメリカ | 4兆　320億ドル |
| 3 | ド イ ツ | 2兆7280億ドル |
| 4 | 日　　本 | 1兆5060億ドル |

出典：WTO, 2014年貿易統計

## 貿易で豊かになった「貿易立国」

貿易立国とは「貿易を通じて経済が成長してきた国」という意味です。日本は自国でとれる資源が少なく、エネルギー源はほとんどを輸入にたよっています。一方、工業製品の輸出額は世界でもトップクラスです。こうした輸出入で経済をきずいてきた日本は、世界でも有数の貿易立国です。

## 日本は加工貿易が得意？

「加工貿易」とは「原材料を輸入し製造した製品を輸出する」という意味で、これまで日本の貿易スタイルを示す言葉としてよく使われてきました。では現在はどうでしょうか。

輸入金額の1位は現在でも原油、液化ガスなどの鉱物性燃料ですが、加工製品である機械類がこれに続きます。これは日本の企業が労働者の賃金が安い途上国で製品をつくり、日本に輸入しているためです（逆輸入といいます）。たとえば、自動車メーカー・ホンダの小型バイクなどは中国で生産され、日本へ輸入されています。もはや「加工貿易」は過去のものになりつつあるようです。

### 日本の「加工貿易」は「過去貿易」？

第2次世界大戦後、日本は「加工貿易」が得意な国のひとつとして知られていましたが、現在は少し事情が変わってきました。製造コストを下げるため、海外に生産拠点を置く企業が多くなってきたのです。

---

**ミニコラム**

### 南アメリカから世界へ広がったジャガイモとトマト

16世紀なかば、南アメリカのアンデス山脈を探検していたスペイン人は先住民と出会います。そこで見つけたのがジャガイモやトマトでした。スペイン人は先住民の育てていたこれらの野菜をもち帰りますが「見た目も味もいまひとつ」と初めはあまり普及しませんでした。しかし、パスタと合わせることでその価値を見いだし、人気が高まります。こうしてヨーロッパ中へ、世界へとジャガイモやトマトが広まりました。

# 日本の貿易の歩み

## 経済成長したのに石油危機が……

戦後の日本は高度経済成長が続き、先進国の仲間入りをしました。これをリードしたのが貿易です。輸出は当初、繊維や雑貨などの軽工業製品が中心でしたが、1960年代からは鉄鋼、化学、造船などの重化学工業のウエイトが高くなります。そうしたなか、1973年におきたのが石油危機です。これにより石油の輸入価格は上昇。輸出額から輸入額を引いたものを貿易収支といいますが、輸入額が輸出額を上回ったため、この年は貿易収支がマイナスになる貿易赤字になりました。

### 時代とともに変化した日本の輸出品目

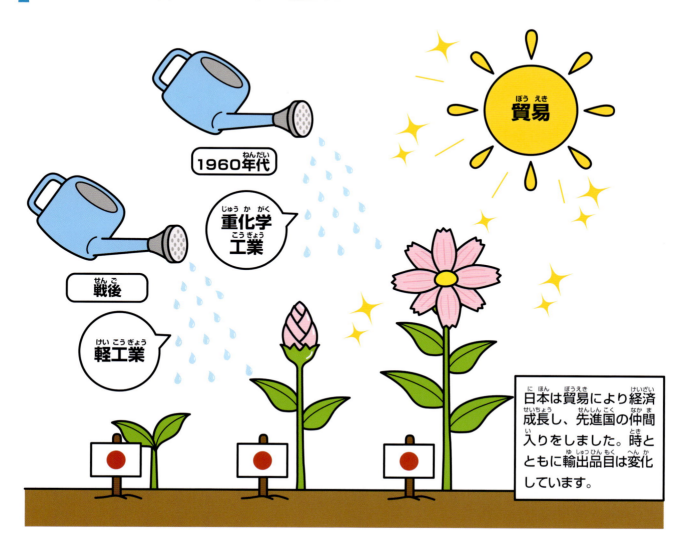

日本は貿易により経済成長し、先進国の仲間入りをしました。時とともに輸出品目は変化しています。

▶▶▶ 第1章 貿易ってどんなもの？

## アジアに進出した日本の製造業の輸出先は日本が4分の1をしめる

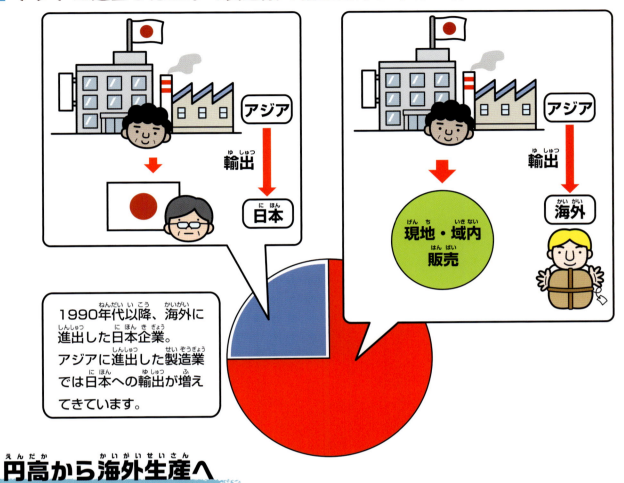

1990年代以降、海外に進出した日本企業。アジアに進出した製造業では日本への輸出が増えてきています。

## 円高から海外生産へ

1980年代は円高（→22〜23ページ）により、輸出の難しい時代になりました。輸出が減少すると景気も悪くなります。また、安くなった海外の工業製品が、日本に数多く輸入されました。

1990年代以降は、日本の製造業がアジアで生産したものの日本への逆輸入が多くなりました。

### ミニコラム

#### 負の世界遺産　奴隷海岸

15世紀から19世紀後半までの約400年間で、1000万人以上の黒人がアフリカから西欧や南北アメリカに奴隷として売られました。黒人奴隷は主に北アメリカではタバコや綿花、カリブ海諸国では砂糖、ブラジルではコーヒー園で働かされました。奴隷を送りこんだナイジェリアなどの海岸は"奴隷海岸"といわれ、「負の世界遺産」になっています。

アフリカから西欧や南北アメリカに送られた奴隷の人々

15〜19世紀　1000万人以上

# 日本は何を輸出入しているの？

## 日本の輸出入品目（1960 / 2014年）

輸出は繊維品が減って、機械類、自動車が増加。輸入は綿花・羊毛が減って石油、機械類が増えています。

### 貿易品目の変化

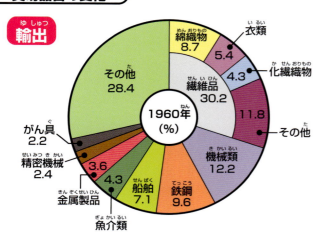
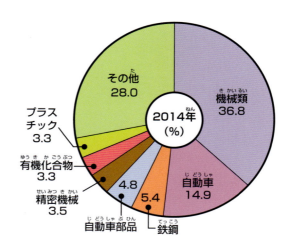
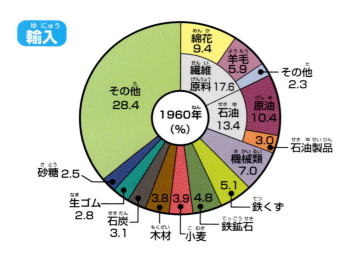
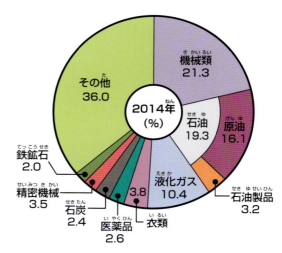

出典：日本関税協会資料など

## 日本の得意分野（輸出）

　日本の得意分野は繊維品などの軽工業から鉄鋼、化学、造船などの重化学工業に変化し、いまは「機械類」と「自動車」です。なかでも日本の自動車は1970年代以降、主要な輸出品目になっています。またパソコンやデジカメ、液晶テレビといった、製造に高度な技術が必要な製品の輸出も増えています。貿易は「得意分野」を変え、経済の成長を可能にします。

▶▶▶ 第1章 貿易ってどんなもの？

## 増える機械類の輸入量

## 日本の苦手分野（輸入）

日本には石油や鉄鉱石などの鉱産資源や、エネルギー資源があまりありません。そのため「石油」「液化ガス」などを輸入にたよっています。しかし、得意と思われる機械類の輸入も約21％をしめているのはなぜでしょう。

これは、高度な技術がそれほど必要でない商品を海外で生産し、日本に逆輸入しているからです。

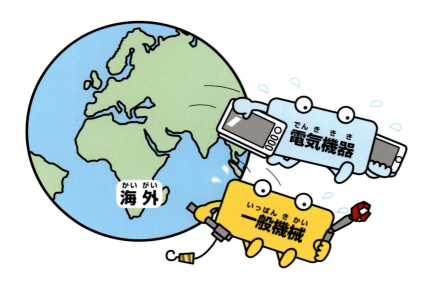

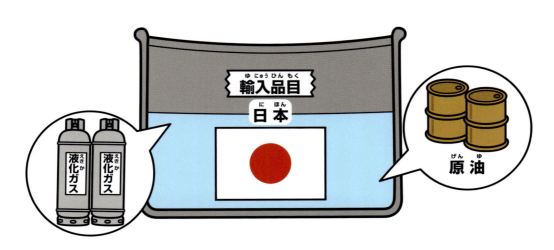

### ミニコラム

## アメリカ独立も貿易がらみ？

18世紀のなかばまで、アメリカはイギリスの植民地でしたが、1776年、イギリスから独立しました。そのきっかけは、植民地の商人が紅茶を密輸入するのを禁じ、イギリスの東インド会社に販売独占権をあたえる新しい法律が制定されたことでした。植民地の人たちはこれに腹を立て、輸入された紅茶を船から海に投げこみます。この事件が独立戦争の発端といわれています。それもあってか、アメリカ人はいまもコーヒー党のようです。

# 日本の貿易相手国

## ものを買ってくれるお客さんは？

過去においては、日本の製品を買ってくれる一番のお客さんはアメリカでした。現在は、中国がアメリカとならび、そのあとに韓国、台湾、香港と続いています。急速に経済発展している中国との取引が近年、急激に増えており、地理的に近く、賃金の上昇で生活水準が向上している東アジアや東南アジアの国々への輸出も増えています。

### 日本の輸出相手国の移り変わり

| 1990年 (4,146) | 2000年 (5,165) | 2010年 (6,741) | 2014年 (7,310) |
|---|---|---|---|
| アメリカ 1,365(31.5%) | アメリカ 1,536(29.7%) | 中国 1,309(19.4%) | アメリカ 1,365(18.7%) |
| ドイツ 257(6.2%) | 台湾 387(7.5%) | アメリカ 1,039(15.4%) | 中国 1,338(18.3%) |
| 韓国 252(6.0%) | 韓国 331(6.4%) | 韓国 546(8.1%) | 韓国 546(7.5%) |
| 台湾 223(5.4%) | 中国 327(6.3%) | 台湾 460(6.8%) | 台湾 423(5.8%) |
| 香港 189(4.6%) | 香港 293(5.7%) | 香港 370(5.5%) | 香港 404(5.5%) |

(単位：100億円)　出典：日本貿易会資料

長らく日本の一番のお得意さんはアメリカでした。 → しかし、近年中国との取引が増えています。 → そのほか、アジア各国との取引も年々増しています。

## 日本の輸入相手国の移り変わり

| 1990年 (3,386) | 2000年 (4,094) | 2010年 (6,076) | 2014年 (8,589) |
|---|---|---|---|
| アメリカ 759 (22.4%) | アメリカ 778 (19.0%) | 中国 1,341 (22.1%) | 中国 1,917 (22.3%) |
| インドネシア 182 (5.4%) | 中国 594 (14.5%) | アメリカ 591 (9.7%) | アメリカ 754 (8.8%) |
| オーストラリア 179 (5.3%) | 韓国 220 (5.4%) | オーストラリア 395 (6.5%) | オーストラリア 509 (5.9%) |
| 中国 173 (5.1%) | 台湾 193 (4.7%) | サウジアラビア 315 (5.2%) | サウジアラビア 502 (5.8%) |
| 韓国 169 (5.0%) | インドネシア 177 (4.3%) | アラブ首長国連邦 257 (4.2%) | アラブ首長国連邦 440 (5.1%) |

(単位：100億円)　出典：日本貿易会資料

近年、日本の輸入相手は中国、アメリカ、オーストラリアが上位をしめています。

## 日本はだれから買ってるの？

　では輸入の多い国はどこでしょう。2000年ごろまではアメリカが1位でしたが、その後は中国が1位です。中国に進出した日本の製造業が、中国で製造した製品を逆輸入するしくみができあがったことがその大きな理由です。3位以下もかつてはアジアの国でしたが、資源やエネルギーの価格が上昇し、現在は産出国のオーストラリアや中東の国が上位に入っています。

### ミニコラム

### 漆器はJAPAN

英和辞典で「JAPAN」を引いてみると、なんと「漆器」という意味もあると記されているものがあります。じつは日本の漆器は、16世紀のなかばから南蛮貿易を通しヨーロッパ諸国に輸出されていました。鎖国をしていた江戸時代にも、オランダとの貿易によってヨーロッパの人たちに知られており、日本を代表する産物として見られていました。

# 日本の貿易港

## 貿易額日本一の港は？

「貿易港」とは、国から正式に貿易を認められている空港や港のことです。輸出額と輸入額を合わせた貿易額が多い貿易港はどこでしょう？　東京湾にある東京港？　古い歴史をもつ横浜港？　正解は成田国際空港です。その輸出額は約8兆1000億円、輸入額は約11兆7000億円です（2014年）。「空港がなぜ？」と疑問をもつ人もいるでしょう。

軽くて高価な集積回路や科学光学機器など、現代の産業で不可欠な機器類はいずれも空輸に適したものです。そのため、企業の多い首都圏にある成田国際空港の貿易額がもっとも多いというわけです。

### 日本を支える貿易港（2014年）

単価の高い精密機器は飛行機で輸送されています。そのため、企業の多い首都圏にある成田国際空港が、輸出で2位、輸入で1位になっています。

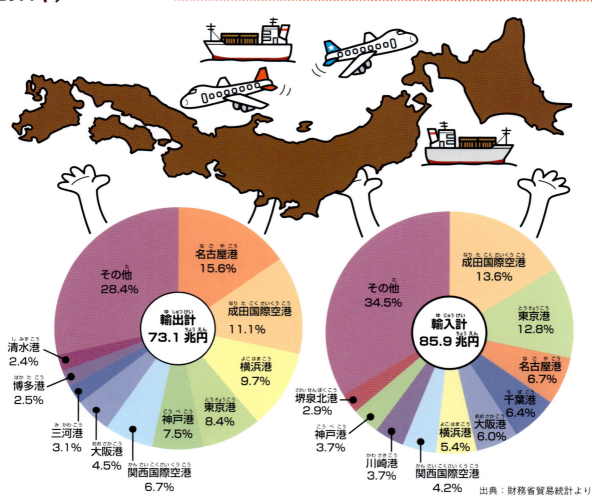

出典：財務省貿易統計より

▶▶▶ 第1章 貿易ってどんなもの？

## 日本の主な港別貿易額（2014年）

| 輸出港 | 輸出額（億円） | 主な輸出品目 |
|---|---|---|
| 名古屋港 | 113,748 | 自動車、自動車部品、原動機 |
| 成田国際空港 | 81,112 | 電子部品、科学光学機器、半導体等製造装置 |
| 横浜港 | 71,177 | 自動車、自動車部品、原動機 |
| 東京港 | 61,374 | 事務用機器、自動車部品、プラスチック |
| 神戸港 | 54,858 | プラスチック、原動機、繊維製品 |
| 関西国際空港 | 48,909 | 電子部品、科学光学機器、映像機器 |
| 大阪港 | 32,628 | 電子部品、プラスチック、科学光学機器 |
| 三河港 | 22,647 | 自動車、船舶類、その他の化学製品 |
| 博多港 | 18,562 | 自動車、ゴムタイヤ・チューブ、電子部品 |
| 清水港 | 17,823 | 自動車部品、原動機、二輪自動車 |

| 輸入港 | 輸入額（億円） | 主な輸入品目 |
|---|---|---|
| 成田国際空港 | 116,621 | 電子部品、医薬品、事務用機器 |
| 東京港 | 110,042 | 事務用機器、衣類、魚介類 |
| 名古屋港 | 57,165 | 石油ガス類、原油、衣類 |
| 千葉港 | 54,661 | 原油、天然ガス類、石油製品 |
| 大阪港 | 51,474 | 衣類、音響・映像機器、肉類 |
| 横浜港 | 46,172 | 石油、天然ガス類、アルミニウム |
| 関西国際空港 | 35,809 | 医薬品、通信機、電子部品 |
| 川崎港 | 32,235 | 原油、天然ガス類、肉類 |
| 神戸港 | 31,416 | 衣類、たばこ、有機化合物 |
| 堺泉北港 | 25,312 | 鉱産品、化学工業品、金属機械工業品 |

出典：外国貿易年表ほか

輸入品目の内訳は、その貿易港の立地や特徴を示しています。たとえば魚介類や衣類といった輸入品は、都心に近い東京港ならではのものといえるでしょう。

## 貿易品から見えること

輸出においては貿易額の第1位は名古屋港で、こちらは海の港です。名古屋港の近くには自動車工業のさかんな中京工業地帯があり、自動車や関連部品が輸出の大部分をしめています。

また、東京都心に近い東京港の輸入品目は衣類や魚介類など身近な品目が上位をしめています。その貿易港が何を取引しているかで、近隣地域の産業や暮らしを想像することができます。

### ミニコラム

## 「舟橋」にみる朝鮮通信使

江戸時代、400〜500名の朝鮮通信使が12回日本をおとずれています。彼らは歓迎され、幕府との友好関係をきずきました。その関係を示すもののひとつが「舟橋」です。大きな川にたくさんの舟を並べ、これを橋としたのです。たとえば尾張藩では、木曽川に277せきの舟をつなぎ、3036枚の板をわたして855mにもおよぶ橋をつくりました。舟橋をわたれたのは、将軍と通信使だけでした。

# 関税って何？

## 関税は国内産業保護の強い味方

とくに得意分野について、自国の生産物を輸入品から守るため、関税の存在は大きいといえます。

## 国内の産業を守るために

　海外から輸入される商品に課す税金を「関税」といいます。この関税によって、輸入品は国内で生産された商品より高くなります。多くの国では輸入品にこうした関税をかけています。それは、輸入品と同じものをつくっている国内の産業を守るためです。たとえば日本は、国内の米農家を守るために、海外から輸入される米に高い関税をかけています。
　国内の産業を守るために、関税は大きな役割を果たしているのです。

▶▶▶ 第1章 貿易ってどんなもの？

## 関税が経済を停滞させることも！

## 自分の首をしめることも

ただし、関税はいいことばかりではありません。関税により外国の製品が高くなります。得意分野の製品はいいですが、苦手分野の製品も高くなり、それを買わざるをえなくなります。

海外の製品と「得意・苦手」を分担すれば、安くて良いものが流通しますが、それができないことで結果的に経済は活力を失い、自分の首をしめることにもなります。

### ミニコラム

### ゴッホはどうして浮世絵を知ったのか？

オランダの画家・ゴッホの作品に、日本の浮世絵がえがかれているのを知っていますか？ ゴッホ美術館には計477点もの浮世絵が収蔵されています。ゴッホはどこで浮世絵を知ったのでしょう？ 江戸時代、鎖国をしていた日本はヨーロッパのなかではオランダとだけ貿易をしていました。貿易品のひとつに陶磁器があり、その包み紙に浮世絵が使われていたのです。

# 円高・円安って何？

## お金の価値を示す「円高」「円安」

価値が下がると「円」をたくさんはらわなくてはならない。

**円安**

日本のお金の価値が下がると、円安になります。

**円高**

円高になると海外製品を安く輸入できますが、輸出する製品の価格が安くなります。

価値が上がるとはらう「円」は少しでいい。

## 円高とは円の「ねうち」が上がること

　ニュースで「円高」という言葉を聞いたことはありませんか？「円が高くなる」というのは、いったいどういう意味でしょう。これは円の「価値」が上がることです。それまで1ドル＝100円の価値だったものが、1ドル＝90円に変わることが「円高」です。この場合、90円で1ドルの商品を買うことができます。逆に1ドル＝110円になることは「円安」とよばれます。

▶▶▶ 第1章 貿易ってどんなもの？

## 「円高」「円安」でチョコレートの値段が変わる？

お金の価値の変化は「為替」とよばれ、その動きは外国との取引、すなわち輸出入の際に重要なポイントとなります。

円安になれば、外国製のチョコレートが高くなります。

円高になると、外国製チョコレートは安くなります。

円高になれば、円の価値は上がり、外国にはらうお金は少しでいい。

## 円高・円安にはどんな影響があるの？

　たとえば、あなたが海外旅行に行ったとします。1ドル＝100円だと、100円しはらえば1ドルの商品を買えます。しかし1ドル＝110円の「円安」になると、110円しはらわなければ1ドルの商品を買えません。100円の買い物くらいならそれほど影響はありませんが、トヨタ自動車では、1円の円高・円安により、もうけがおよそ400億円も減ったり増えたりするといわれます。

> **ミニコラム**
>
> ### アメリカ人が自由に旅できない？
>
> 　1858年、日本とアメリカの間で日米修好通商条約が結ばれました。そのなかで「神奈川では多摩川まで、そのほかは10里*以内」など、アメリカ人の行動（旅）はんいを制限することが定められました。幕府のある江戸に近づけさせないという目的のほかに、アメリカの商品が各地で売られて日本の商人などが影響を受けることを防ぐという目的もあったようです。
>
> ＊10里＝約40km
>
>

23

> コラム

# 日本ではじめての貿易会社　亀山社中

　1866年、仲の悪かった「薩摩藩」と「長州藩」の同盟の仲立ちをした坂本龍馬。彼は日本で最初の貿易会社である「亀山社中」をつくったことでも知られています。当時、長州藩は下関戦争で欧米の四国連合艦隊と戦ったことにより、欧米諸国から武器を購入することができませんでした。そこで亀山社中は、長州藩からの要請を受け、薩摩藩名義で小銃や蒸気船ユニオン号を購入し、長州藩へ販売しました。これが薩長同盟へとつながり、1867年に江戸幕府は滅亡しました。亀山社中は、討幕に大きな役割を果たしたのです。

# 第2章 貿易新時代

# 公正公平な貿易を！WTOとは？

## 自由貿易を進めるWTO

関税をなくすなど、国家が他国との商売について口出しすることをやめ、輸出入をしやすくした貿易を「自由貿易」といいます。この自由貿易を地球規模で進める国際組織が、スイスのジュネーブに本部をもつWTO（世界貿易機関：World Trade Organization）です。1995年に設立されたWTOは関税の引き下げのほか、各国間における貿易の活発化や発展途上国の支援なども行っています。

## WTOって何をしているところ？

加盟国どうしの取引を支援するのがWTOの大きな役割です。

※取引は2カ国間とは限りません。3カ国どうしの取引の場合もあります。

輸出入をスムーズにするための貿易のしくみづくり

違反や不公平な取引がないかの監視

**WTOの主な役割**
① 貿易自由化を促進するルールをつくること
② 協定が守られるように監視すること

## 経済情勢は国によって異なる

経済情勢は国によって異なります。それらに共通のルールをつくるのは、簡単なことではありません……。

## 難しさもある自由貿易

　WTOの取り決めは絶対ですが、各国の事情はさまざまです。それぞれの事情をくんだ上で、統一したルールをつくるというのはなかなか難しいことです。

　たとえば、経済成長の遅れている発展途上国のために、弱い産業を守ろうという活動が行われていますが、一方でアメリカなどの先進国では状況がちがいます。こうしたなか、先進国と発展途上国は別あつかいにしようという動きもありますが、まだ実現にはいたっていません。

### ミニコラム

### モノカルチャーから脱するマレーシア

輸出品目が、製品加工前の農作物やエネルギー資源にかたよっている国があります。こうした国の経済は「モノカルチャー経済」とよばれます。モノカルチャー経済の代表国のひとつにマレーシアがあります。マレーシアはかつて、天然ゴムが主要な輸出品でした。しかし1980年代以降、外国企業をまねき入れることで半導体などの電気・電子産業が成長し、現在では輸出品の約37％が機械類です（2013年）。

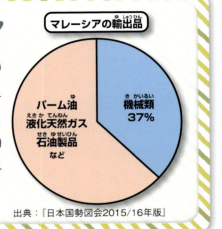

マレーシアの輸出品

出典：『日本国勢図会2015/16年版』

# より自由な貿易を！

## WTOとは無関係に協定を結べる！？

## 手っ取り早い当事者協定

　WTOにルールを決めてもらうのではなく、より手っ取り早く当事者だけで自由貿易のルールを決める協定を、「FTA」（自由貿易協定：Free Trade Agreement）といいます。特定の国や地域の間で関税をなくし、貿易の障害をなくそうという協定です。また、貿易の自由化に加え、投資、人の移動、知的財産など、幅広い経済関係の強化を目指す協定を、「EPA」（経済連携協定：Economic Partnership Agreement）といいます。

▶▶▶ 第2章 貿易新時代

# FTA、EPAにも問題が……

　FTA、EPAは確かに便利なルールですが、これによってWTOが目指す「世界規模での貿易自由化」が難しくなるおそれがあります。特定の国どうしで自由化を進めることにより、世界経済がいくつかのグループに分断されてしまうかもしれないからです。

　たとえば、A国とB国では取引が自由なのにもかかわらず、A国とC国との取引では自由化しないというケースが出てくるかもしれないということです。こうした事態を防ぐためにもWTOの存在意義は大きいといえます。

「バラバラな協定」を世界共通に！

分断された国どうしの自由貿易をひとつにするのがWTOの仕事です！

---

**ミニコラム**

## 石油依存から脱却できるか？

　東南アジアの小国・ブルネイの輸出品は石油とその製品が約45%、液化天然ガスが約52%（2013年）と、2種類のエネルギー資源で97%をしめています。しかし、いずれ石油資源は枯渇するでしょう。そこでブルネイでは近年、観光産業にも力を入れるようになりました。遊園地、美しいモスク、熱帯雨林でのエコツーリズムなど、この国の新しい魅力を世界に発信するようになりました。

# 事例で見るEPA・FTA

EPA協定により、メキシコの豚肉、牛肉、鶏肉、オレンジなどが低関税で輸入できるようになりました。

## 日々増えていく日本のEPA協定国

2002年、日本はシンガポールとの間で、FTAより幅広い効果が期待できるEPA(→28ページ)を結び、その後もメキシコ、マレーシア、チリ、タイ、インドネシアなど多くの国々と協定を結びました。このなかでシンガポールとは関税の撤廃、人材交流など、とくに中身のこい協定を結んでいます。またメキシコとは豚肉、牛肉、鶏肉、オレンジの低関税について協定を結びました。

▶▶▶ 第2章 貿易新時代

韓国がFTAに積極的なのは？

韓国はアジアのなかでもFTAに積極的な国のひとつ。
その主な理由は3つです。

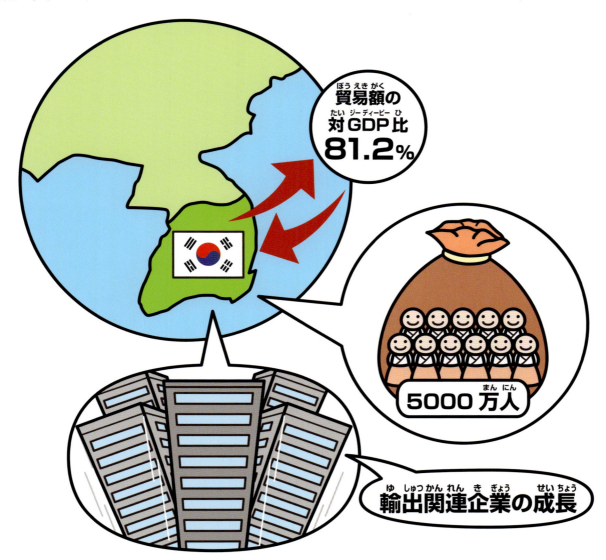

貿易額の対GDP比 **81.2%**

5000万人

輸出関連企業の成長

## FTAに積極的な韓国

　海外に目を向けると、とくに韓国がFTAに積極的な国のひとつとして知られます。これは貿易額のGDP（国内総生産→42ページ）にしめる割合が81.2%（2014年）と高いこと、人口が5000万人（2014年）と国内市場が狭いこと、輸出関連企業が成長していること、などが大きな理由です。
　韓国の苦手分野は農業です。耕地が少なく、生産コストが高いのがネックになっています。そこで韓国は農産物の自由化による悪影響を減らすため、農家に対し、被害補償、後継者育成、ブランド化などの支援をしています。

# TPPって何だ！

## 貿易の障害をなくす！？「TPP」

TPPの正式名称は「環太平洋パートナーシップ協定：Trans-Pacific Partnership」といいます。このTPPは、アジア太平洋地域の参加国で貿易や投資の障害となる規制をなくし、幅広い分野で新しい共通ルールをつくろうという協定です。つまり「人の交流」「企業の誘致」「医療制度」など、経済に関する国境をなくそうというわけです。

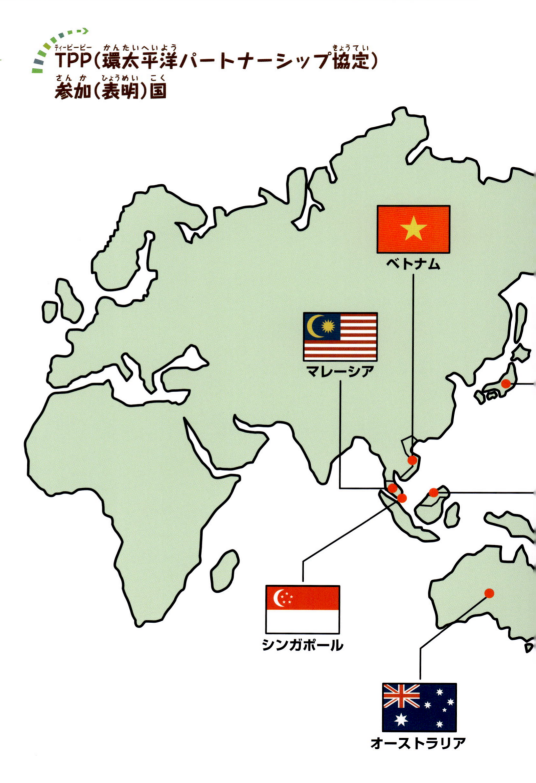

TPP（環太平洋パートナーシップ協定）参加（表明）国

ベトナム／マレーシア／シンガポール／オーストラリア

▶▶▶ 第2章 貿易新時代

## TPPに加盟すると……？

TPPはもののやりとりだけではありません。人や企業、医療制度など、加盟国どうしでさまざまなやりとりが行われます。

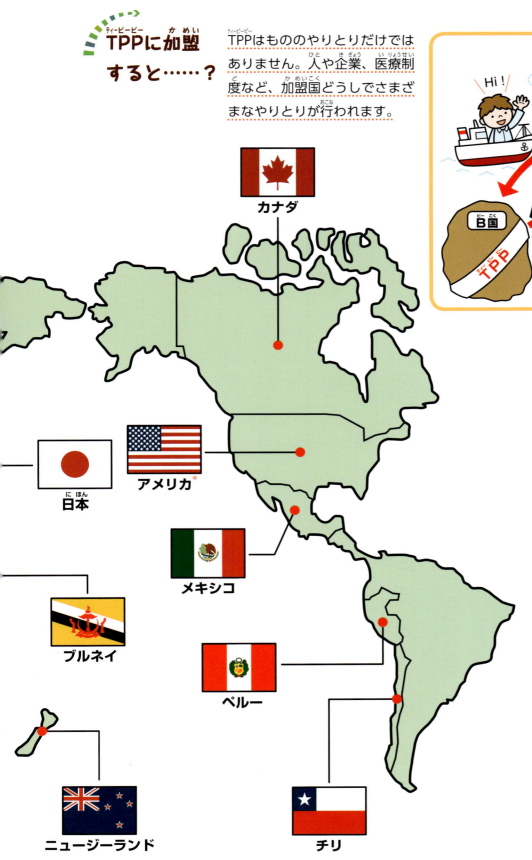

## TPPに参加している国は

　TPPの第一歩は2006年。シンガポール、ブルネイ、ニュージーランド、チリの4カ国間で関税をなくし、自由貿易の障害をすべてなくそうとしたのが始まりです。その後2010年にはアメリカ*、オーストラリア、ペルー、ベトナム、マレーシアの5カ国がTPPへの参加を表明。大国アメリカの参加にともない、日本やカナダ、メキシコも参加を表明しています。

＊2017年1月、アメリカのトランプ新大統領はTPPからの離脱を表明しました。

# TPPとEPA・FTAのちがい

## 世界に広がるTPP

EPAやFTAが主に2つの国どうしで結ばれるのに対し、TPPは世界12の国が参加を表明。また、韓国やインドネシアなども参加の意思を示しています。

## TPPは世界規模の自由貿易！

TPPとEPA・FTAのちがいはどんなところにあるのでしょう？
EPA・FTAは、主に2カ国間での協定です。それに対しTPPは、複数の国々の間で結ばれる協定です。参加予定国が多く、南北アメリカ、オセアニア、アジアと地域は広大です。今後は韓国やインドネシアなど、加入国がさらに増えてくるものと思われます。

▶▶▶ 第2章 貿易新時代

## 「自由貿易」を目指すTPP

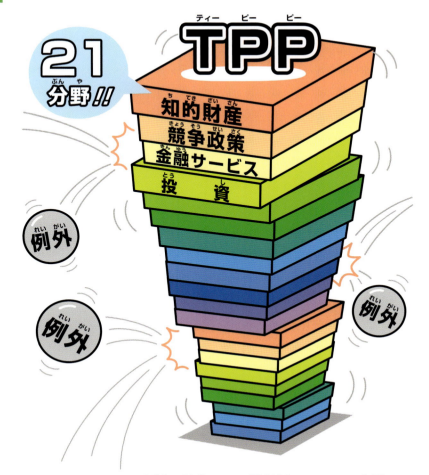

TPPは関税など、貿易上のあらゆる規制をなくした「自由貿易」を目指しています。

## 例外なく関税や規制をなくす協定

EPA・FTAでは、自由貿易といっても国内の産業を守るために、農作物輸入などを例外的に規制するケースがありました。

一方、TPPは例外なく関税をなくし、他国との貿易の上で障害となるあらゆる規制を取りはらい、自由貿易を進めようという協定です。その分野は食品や工業製品だけにとどまらず、知的財産、競争政策、金融サービス、投資など21もの分野におよんでいます。

---

**ミニコラム**

### 農産物・食料輸出にたよるオランダ貿易

国土面積が九州とほぼ同じ約4万2000km²というオランダですが、農産物・食料品輸出国ランキングではアメリカについで世界第2位です。なぜでしょう。そのヒントは農用地にあります。国土の45％が農用地にあてられており、農業経営の大規模化により一人あたりの生産量を増やしています。輸出額で多いのはチューリップなどの花き類、ばれいしょ、てん菜、タマネギ、トマトなどです。（農林水産省ホームページ）

# TPP参加で関税はどうなるの？

## 農業・工業製品の多くはTPP参加で関税がゼロに

2015年10月に決着したTPP交渉では、農林水産物全2594品目のおよそ8割について、輸入にともなう関税を最終的になくすことになりました。しかし、米、麦、牛肉・豚肉、乳製品、砂糖については、国内の農畜産業を守るための重要5項目として、関税を残すことになっています。このうち米については、輸入枠を増やすものの、増えた輸入分と同量の国産米を政府が買い取るので、生産量や農家に影響はないとされています。

一方、日本からの工業製品については、自動車、半導体、電子部品、鉄鋼、機械などの関税が最終的になくなります。

### TPP協定発効で関税はどうなる？

TPPへの参加で最も影響を受けるのは農林水産物。全体のおよそ8割について関税がなくなります。

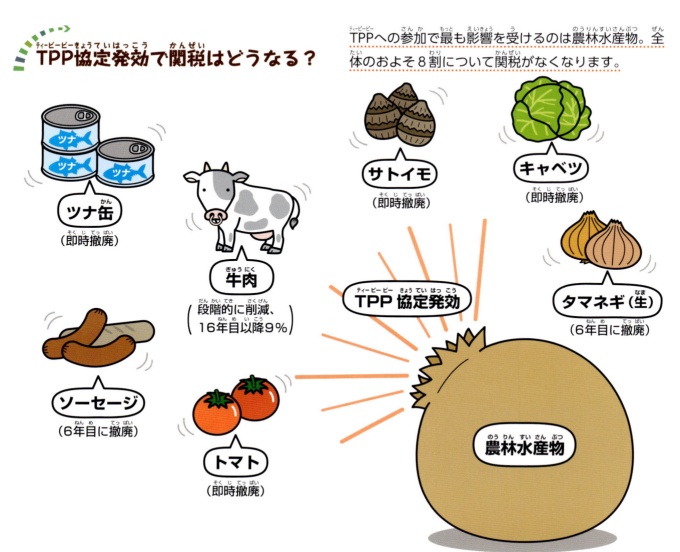

▶▶▶ 第2章 貿易新時代

## 目に見えないものも対象に

TPP参加国の間で交わされる協定は、目に見える製品の輸出入についてだけではありません。特許や商標、著作権などの「知的財産」、残留農薬や添加物など食品安全や動植物の健康に関する措置を定めた「SPS協定」、企業の海外進出のための「投資」などについても、TPP参加国の間で貿易や参入が促進されるよう、新たなルールをもうけることになりました。

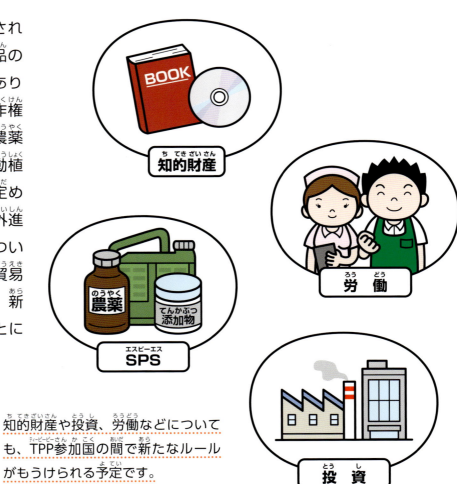

新たなルールがもうけられる！

知的財産

SPS

労働

投資

知的財産や投資、労働などについても、TPP参加国の間で新たなルールがもうけられる予定です。

---

### ミニコラム

### アメリカにかたよるカナダの貿易

カナダではアメリカとの国境からおよそ250km以内に、実に人口の95%もの人々が住んでいます。これはカナダが冷帯に属しており、比較的暖かい国境付近に人口が集中していることを示しています。こうした地理的な条件もあり、カナダとアメリカは、それぞれが最大の貿易相手国となっています。カナダのアメリカからの輸入額の割合は全輸入額の54.3％、輸出は全輸出額の76.4％となっています（2014年）。

# TPPに参加することのメリットは？

### TPPは世界をつなぐカギ

オセアニア、アジア、南北アメリカが同じ経済圏となり、太平洋を囲む国々がより近くなります。

日本の製品や技術がより多くの国々へと伝わり、逆にこれらの国から多くのものが日本に入ってきます。TPPは世界をつなぐ「カギ」となりえるものなのです。

## 日本の製品をさらに売りやすくなる

　TPPへの参加により太平洋を囲むオセアニア、アジア、南北アメリカの広い地域の国々が同じ経済圏になります。その結果、日本の製品をさらに売りやすくなります。またTPPは関税をなくし、自由貿易を促進させることだけがその役割ではありません。TPP協定の対象となっている21分野には、知的財産や金融サービス、投資、環境などもふくまれており、こうしたさまざまな分野で統一ルールをもうけることで、参加国の技術や発想を学びあうことができるのです。

# TPPには大きなチャンスの可能性も

　農産物については、安い外国産の野菜や果物が輸入され、日本の農業に大きなダメージをあたえるのでは、と考える人もいます。しかし日本の農産物は品質が高く、だれもが外国産に乗りかえることはないでしょう。

　畜産も同じです。安全でおいしい国産牛は国内外で人気があります。輸出の機会が増えるTPPは、日本の農畜産業が改革に取り組むいいチャンスになるという見方もあります。

## 日本産？ 外国産？ どっちを選ぶ？

日本産と外国産、消費者にとってはより多くの選択肢から選べるようになるというメリットが生まれます。

# TPPに参加することのメリットは？

## TPPへの参加で日本はどうなる？

これまで国内だけで価格や品質を競っていた製品も、TPP参加後は世界との競争になります。それによりその業界全体のレベルアップにつながることでしょう。

❶ 関税の撤廃

❷ 外国から安い商品が輸入

❸ 国内産業が厳しい競争に

❹ 生産性の向上

❺ 日本の商品も安くなって売れる

❻ 雇用が増える

▶▶▶ 第2章 貿易新時代

## 経済全体の活性化が実現

　関税がなくなるとともに、安い商品が輸入されます。これにより国内産業が厳しい競争にさらされることになります。しかし、これまで関税によって守られていた国内産業が輸入品に負けないよう努力することで生産性が高まり、日本の商品も安くて品質の高いものになります。そうすれば、日本の商品がたくさん売れて、雇用も増え、経済全体が活性化すると考えることができます。

アジア各国をリードするために

産業、経済の「世界基準」を知るためにもTPPへの参加は大きな意味をもっています。

## アジア経済の先頭に立つために

　TPPは、環太平洋全体を巻きこんだ自由貿易地域を実現するための土台づくりを目指しています。そのなかでサービスや投資の自由化、知的財産の保護などさまざまな交渉が行われることでしょう。将来、アジア経済の共通ルールがつくられるとき、日本が各国をリードしていくためにも、早期のTPP参加には大きな意味があります。

### ミニコラム

### 変化するブラジルの貿易

　ブラジルといえば何を思い出しますか？　コーヒーと答える人が多いかもしれません。1970年当時、ブラジルの輸出品の1位はコーヒー豆で約36％をしめていましたが、輸出総額が2560億ドルにまでのびた2011年、輸出上位品目は「鉄鉱石」「原油」「機械類」などです。ブラジルはいま、コーヒーオンリーの「モノカルチャー」から脱出しています。

鉄鉱石　原油　機械類

# TPPに参加することのデメリットは?

## TPPはアメリカと日本のためのもの?

GDP(国内総生産:Gross Domestic Product)とは、国内で生み出された商品やサービスの付加価値(働いて生み出したもうけ)の合計のことで、国の経済力を示す目安のひとつになっています。TPP交渉に参加している国のGDPの、参加国全体のGDPにしめる割合を見ると、アメリカ*が約70%、日本が約25%で、両国で約95%をしめています。そのため、「日米FTA」とよぶ人もいます。

また中国がまだ参加表明をしておらず、アジア圏経済で日本が主導権をにぎるのはまだ先のことになりそうです。

### TPP参加国のGDP比率は

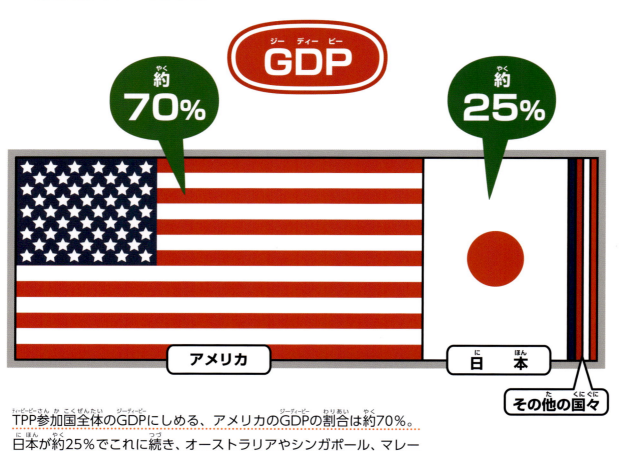

TPP参加国全体のGDPにしめる、アメリカのGDPの割合は約70%。日本が約25%でこれに続き、オーストラリアやシンガポール、マレーシア、チリなどはいずれもわずかです。

*2017年1月、アメリカのトランプ新大統領はTPPからの離脱を表明しました。

▶▶▶ 第2章 貿易新時代

## さまざまな分野への影響も

関税がなくなることで、安い農産物の輸入が増え、国内の農林水産業の生産額が減少するおそれがあります。また畜産業は、新鮮さが不可欠な牛乳以外の肉や乳製品への影響が大きいといわれます。その結果、農家の数が減るとすれば、ほかの産業にも影響が出るおそれがあります。

農地を広くし、規模を大きくすればいいという見方もありますが、日本の国土は山地が多く、規模を大きくするには限界があるといわれます。

輸入農産物が増えて──

狭い日本で畑を広げるのは……ムリ！

品質についてはともかく、関税がなくなれば輸入品が安く売られることはまちがいありません。そのとき、日本でつくった農産物は……？

---

### ミニコラム

## オーストラリアの貿易相手国

オーストラリアの貿易相手国は、時代により変化してきました。1965年はイギリスが1位で全貿易額の22％。これは、オーストラリアがイギリスの植民地、連合国だったためです。80年代に入ると日本やヨーロッパ諸国が経済成長をとげ、貿易量が増加しました。現在は急激に経済成長した中国が1位です。なお、かつてオーストラリアの畜産といえば羊でしたが、現在では羊毛需要の減少から、牛や鹿の飼育が増えています。

# TPPに参加することのデメリットは？

## 農薬の基準値も国際化

TPPでは農薬の残留基準値などを決める「SPS協定」（→37ページ）のあつかいについても定められています。他国から求められた場合、この基準値がゆるくなるおそれもあります

TPP発効前

TPP発効後

## 国内情勢の混乱をまねく可能性

　TPPで関税がなくなり、安い製品が輸入されると国産品は売れなくなり、ひいては国内で働く人の仕事がなくなるのでは、という見方もあります。失業者が増えれば悪い条件でも働きたいと思う人が増え、賃金が下がります。

　また、各企業は加盟国のアジア諸国に生産拠点を移し、産業の空洞化（→58ページ）をさらに加速させるおそれがあります。そうしたことから、TPPへの参加は、ひとつまちがえると国民全体が困る結果になりかねないと考える人もいます。

## 多くのデメリットがある政策分野

アメリカと同じような医療制度が導入されれば、「株式会社」の医療機関がつくられます。先進医療が導入されるのはよいのですが、診療費が高くなり、「患者第一」という日本の医療制度がなくなるおそれがあると考える人もいます。

また、労働分野においても専門的な技術・知識のいらない、いわゆる単純労働に外国人労働者がつけるようになるため、多くの外国人労働者が日本で働くようになって、日本人が仕事を失うおそれがあると心配する人もいます。

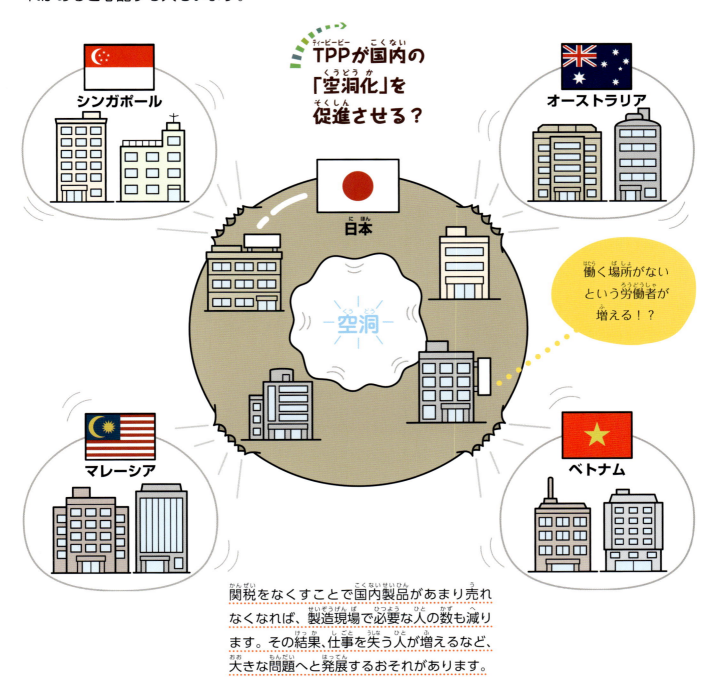

関税をなくすことで国内製品があまり売れなくなれば、製造現場で必要な人の数も減ります。その結果、仕事を失う人が増えるなど、大きな問題へと発展するおそれがあります。

# 具体的事例で考えるTPP

## 貿易自由化で牛肉はどうなった？

1991年、日本は牛肉の貿易自由化にふみきり、肉牛生産農家の数は、3分の1に減りました。しかし、生産量はというとわずか7％減っただけでした。生産規模と生産効率を高め、生産高をほぼ保ったのです。また、消費者も安い外国の肉だけでなく国産牛を見直し、各地にブランド牛が登場しました。

その一方で、安い外国産牛肉が登場し、安い焼肉や牛丼が増えました。

### 貿易自由化で広がった選択肢

牛肉は一足先に自由化が実現（1991年）。肉牛生産農家の数は減りましたが、消費者の選択肢は広がりました。

▶▶▶ 第2章 貿易新時代

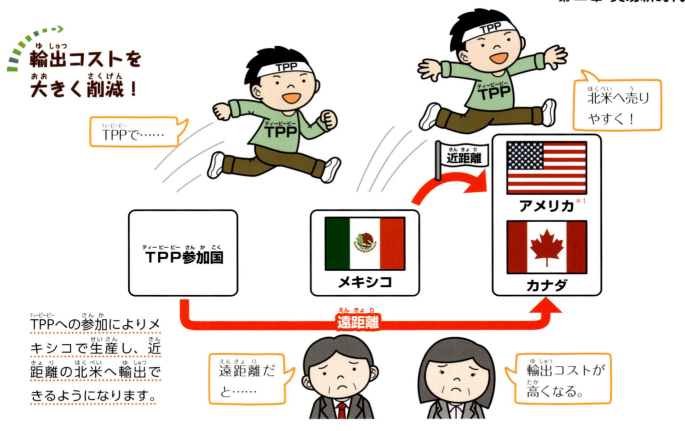

輸出コストを大きく削減！

TPPで……

北米へ売りやすく！

近距離

TPP参加国 → メキシコ → アメリカ*1／カナダ

遠距離

遠距離だと……

輸出コストが高くなる。

TPPへの参加によりメキシコで生産し、近距離の北米へ輸出できるようになります。

## TPP参加で何が変わる？

　東南アジア10カ国*2で構成された協力機構「東南アジア諸国連合（アセアン）」は、オーストラリア、ニュージーランドとFTAを結んでおり、これらの国へ低関税で輸出できます。そのため、アセアン加盟国であるシンガポール、ブルネイ、ベトナム、マレーシアには、あえてTPPに参加しなくてもいいという考えもあるようです。

　しかし、TPPへの参加でアメリカへの輸出コストが減るという大きなメリットがあります。たとえばメキシコを拠点として安価に生産すれば、近距離のアメリカへ輸出できるようになるからです。

### ミニコラム

### 肥満が増えた南太平洋

　世界の人口は約70億人、このうち肥満の人は約3億人といわれています。肥満の人の3人に一人は発展途上国に住み、とくに南太平洋の国々で増えているといわれます。なぜ、フルーツの国々で肥満が増えるのでしょう？　先進国から安くて糖分たっぷりの加工食品や脂肪分の多い肉が輸入されたからだといわれています。肥満を防ぐため、現在南太平洋のフィジーでは一部の肉の輸入を禁止しています。

*1 2017年1月、アメリカのトランプ新大統領はTPPからの離脱を表明しました。
*2 インドネシア、カンボジア、シンガポール、タイ、フィリピン、ブルネイ、ベトナム、マレーシア、ミャンマー、ラオスの10カ国

# もしも日本が鎖国のままだったら

　江戸時代、鎖国をしていた日本が貿易をしていた相手はオランダ、中国だけでした。当時の記録からも、特定の国とだけの輸出入にたよると人々の生活はあまり発展しないことがわかります。では、もしいま日本が外国との貿易をやめたら、いったいどうなるでしょう？

　いろいろなトラブルがおきることが予想されますが、なかでもエネルギー源の石油、天然ガスなどの不足は大問題です。これらがなくなれば、まず人の移動や製品の輸送ができなくなります。その結果、物を売る人たちの多くは廃業に追いこまれ、失業者が一気に増えます。また、石油はビニールやプラスチックなどの製造にも使われています。これらがなくなれば、生活に大きな不便をもたらします。貿易はわたしたちの生活を支える大切なものなのです。

貿易は国を支えます！

# 第3章 これからの貿易

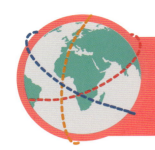

# 貿易と環境破壊

## 発展途上国の環境破壊

発展途上国のなかには木材を輸出するために森林を伐採したり、農地開発のために熱帯林を焼きはらったりしているところがあります。

たとえば、ブラジルでは木材生産のために森林を伐採しており、その減少量は1年あたり310万ha（1ha＝1万㎡）にもおよんでいます。また、インドネシアではえびの養殖場をつくるため、マングローブという河口に生えている植物群を伐採しています。こうした環境破壊が、貴重な動植物の絶滅や地球温暖化をさらに進めているという声も少なくありません。

### 世界の森林面積の変化

1990〜2000年、2000〜2010年の各10年間で、世界の森林面積がどう変化したかのグラフ。いずれの地域においても伐採のスピードは弱まっていますが、まだまだ予断を許さない状態が続いています。

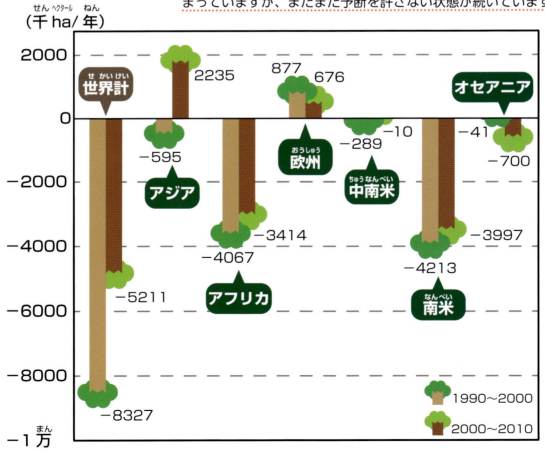

出典：FAO「Global Forest Resources Assessment 2010」

▶▶▶ 第3章 これからの貿易

## 環境を破壊しないと経済発展できない？

産業、経済の発展のために森林の伐採は不可欠です。しかし過剰な伐採は資源の枯渇につながります。近年では、環境保護に真剣に取り組もうという企業も多くなってきました。

## 悪循環をたち切るために

　先進国では、資源や原材料を安く輸入しようと考えます。一方、発展途上国は経済を発展させようと必死です。これにより貴重な資源や材料が無秩序に使われ、環境破壊がおこるのです。

　先進国の企業が植林やマングローブ再生などの環境保護に取り組んでいるケースもあります。また、FTAなどの協定を結ぶ際、環境基準を義務づける国も出てきました。

---

### ミニコラム

### 「フードマイレージ」って何？

食料品は生産地と消費地が近いほうが輸送にかかるエネルギーが少なく、二酸化炭素の排出量も軽減できます。これに関連して、近年多くの関心を集めているのが「フードマイレージ」です。これは「食料の輸送距離」を意味する言葉で、食料輸入量（重量）×輸送距離で表されます。日本のフードマイレージは世界でもきわめて大きくなっています。日本の食料輸入量は、それほど多くありませんが、輸送距離が他国と比べて長いからです。

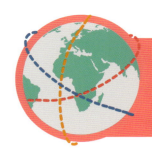

# 貿易摩擦

海外に日本製品が売れるのはすばらしいことです。しかし、発展途上国で閉店する店や失業者が増えて貿易摩擦がおこる可能性があることも、見のがすわけにはいきません。

## なぜ輸出が多いと摩擦になるの？

　日本製品の品質は、世界から高く評価されています。自動車や家電、電子部品など、さまざまな製品が日々、海外に輸出されています。
　しかし、貿易相手国にとっては問題もあります。他国からの輸入品が増えると自国で製造された製品が売れなくなり、生産量が減ってしまいます。その結果、働く場所が減ってしまうのです。このように、貿易が引き金となっておこる問題を貿易（経済）摩擦といいます。

▶▶▶ 第3章 これからの貿易

## アメリカの対日・対中貿易収支／GDP

中国の経済成長はアメリカへの輸出額を飛躍的に増大させたことにあります。日本に代わり、中国がアメリカの一番の貿易相手国となったのです。

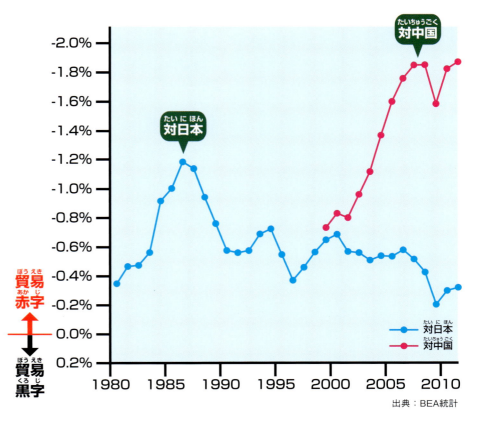

出典：BEA統計

## ターゲットは日本から中国へ

2000年以降、アメリカとの間でこうした貿易摩擦がおきているのが中国です。かつて「世界の市場」とよばれた中国は、いまや「世界の輸出国」に変わり、輸出額から輸入額を引いた貿易収支の額が世界一となりました。こうした事態を受け、アメリカは中国に対して、アメリカの輸入額から輸出額を引いた貿易収支の赤字分の製品を積極的に買うように要求しています。

### ミニコラム 「セーフガード」って何？

輸入量が異常に増大し、国内の産業に影響をおよぼすおそれがある際、その国は輸入を制限することがあります。これを「セーフガード」とよびます。日本でも2001年、中国からのシイタケ、イグサ、ネギの輸入量が増えたことからこれらの農産物の輸入を制限しました。これに対抗し、中国は日本からの自動車や携帯電話に高い関税をかけました。輸入（輸出）量の極端な増減は、時として両国間に不幸をまねくことがあります。

輸入量の極端な肥大は時に国の農業を圧迫します。

53

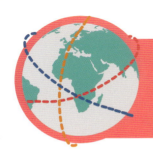

# 広がる経済格差

### 小さくなりつつある「南北問題」

かつては地球の北部に先進国が集まっていました。しかし、自由貿易の拡大などにともない、近年は南へも所得や産業が広がりつつあります。

## 発展途上国と先進国の格差「南北問題」

　世界人口の8割以上は発展途上国で暮らしています。そんな発展途上国の国民がかせぐ一人あたりのお金（所得）は先進国の8分の1、日本の9分の1の水準といわれます。
　地域別に見ると先進国は地球の北、発展途上国は南に多いため、この格差は南北問題といわれます。しかし近年は、先進国にかたよっていた仕事が発展途上国へと移り、発展途上国の人の所得も上がりつつあります。

▶▶▶ 第3章 これからの貿易

# 発展途上国どうしの格差「南南問題」

　発展途上国のなかでも、東南アジアや中国などは先進国の企業をまねき、急速に経済が発展しました。しかし、アフリカのサハラ砂漠より南の国々では紛争で社会が混乱している上、干ばつもおこり飢えに苦しむ人が少なくありません。

　発展途上国のなかでも、最貧国といわれる国は49カ国。これらの国は農作物の生産・輸出だけがたよりで、経済が不安定だったり、他国からの購買力が小さい国などです。こうした発展途上国どうしの格差は南南問題といわれます。

南北問題に変わり、にわかに浮上しつつあるのが「南南問題」です。近年、発展途上国でも格差が目立つようになってきました。

## ミニコラム

### 途上国を救うカギ「フェアトレード」

発展途上国の賃金は低いため、先進国にも商品は安く輸入されます。こうした不公平を防ぐために、生産者に正当なお金をしはらおうという貿易が「フェアトレード」です。フェアトレードで輸入した商品は少し値段が高くなりますが、発展途上国の貧困を解決するひとつの方法です。フェアトレード認証商品の国民一人あたりの購入量は、スイスがトップで3355円、2位はイギリスで1874円ですが、日本はまだ8円にしかすぎません。

# 海外だのみの食料と資源

## 日本の食料は輸入だのみ

　国内の食料消費にしめる国産の食料の比率を「食料自給率」といいます。日本の食料自給率は1965年の73%から低下を続け、現在ではおよそ40%になっています。小麦、豆類、野菜、果実、肉類のなかで比較的自給できているのは野菜で、約80%です。

　農産物は主にアメリカから輸入していますが、乳製品や肉牛はオーストラリア、生鮮野菜は中国から多くを輸入しています。

　自給率をあげようとしても、日本は食べ物を育てる土地が少なく、生産コストも割高になってしまうという状況があります。もっとも、貿易の本質を考えると、見方は変わります。食料は日本の不得意な分野なので、輸入依存により他国に利益をもたらすのは悪いことではないからです。自給率の低さが問題となっているのは、他国との平和な関係がくずれる可能性があるためです。

## 諸外国の品目別自給率

| | 年 | 穀類 | 豆類 | 野菜類 | 果実類 | 肉類 | 牛乳・乳製品 | 魚介類 | 砂糖類 | 油脂類 (単位：%) |
|---|---|---|---|---|---|---|---|---|---|---|
| アメリカ | 2011 | 118 | 165 | 91 | 77 | 114 | 104 | 69 | 79 | 97 |
| カナダ | 2011 | 202 | 293 | 55 | 16 | 131 | 92 | 98 | 11 | 231 |
| ドイツ | 2011 | 103 | 7 | 41 | 28 | 113 | 119 | 21 | 141 | 76 |
| スペイン | 2011 | 73 | 11 | 175 | 135 | 128 | 75 | 56 | 55 | 99 |
| フランス | 2011 | 176 | 86 | 78 | 62 | 102 | 128 | 29 | 212 | 99 |
| イタリア | 2011 | 76 | 33 | 136 | 108 | 79 | 66 | 22 | 23 | 46 |
| オランダ | 2011 | 14 | 0 | 290 | 28 | 207 | 200 | 66 | 110 | 123 |
| イギリス | 2011 | 101 | 47 | 40 | 5 | 69 | 81 | 50 | 59 | 51 |
| オーストラリア | 2011 | 291 | 229 | 81 | 82 | 147 | 142 | 29 | 184 | 124 |
| 日本 | 2014 | 29 | 10 | 80 | 43 | 55 | 63 | 54 | 31 | 13 |

（資料）農林水産省「食糧需給表」、FAO "Food Balance Sheetts"をもとに農林水産省が試算

牛乳・乳製品については、生乳換算によるものであり、バターをふくんでいる。
魚介類については、飼肥料もふくむ魚介類全体についての自給率。

▶▶▶ 第3章 これからの貿易

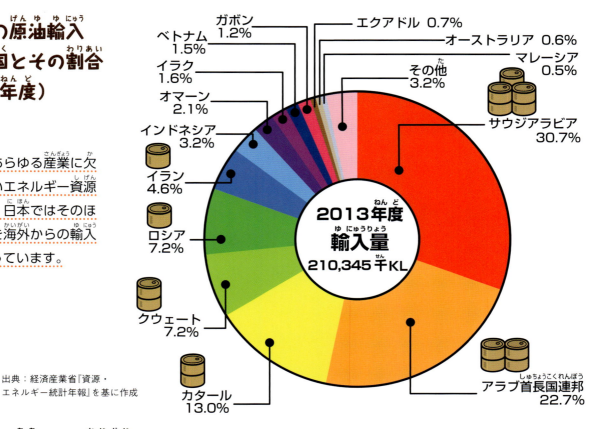

日本の原油輸入相手国とその割合（2013年度）

原油はあらゆる産業に欠かせないエネルギー資源ですが、日本ではそのほとんどを海外からの輸入にたよっています。

出典：経済産業省『資源・エネルギー統計年報』を基に作成

2013年度 輸入量 210,345千KL

- サウジアラビア 30.7%
- アラブ首長国連邦 22.7%
- カタール 13.0%
- クウェート 7.2%
- ロシア 7.2%
- イラン 4.6%
- インドネシア 3.2%
- オマーン 2.1%
- イラク 1.6%
- ベトナム 1.5%
- ガボン 1.2%
- エクアドル 0.7%
- オーストラリア 0.6%
- マレーシア 0.5%
- その他 3.2%

## 資源の多くも海外から

消費するエネルギーについても、日本は海外にたよっています。なかでも原油の輸入率は99.6％で、輸入先はサウジアラビアなど中東諸国です。エネルギー資源が輸入できなくなると産業はストップし、会社の倒産が相次ぐなど、日本経済は大混乱におちいることでしょう。

### ミニコラム

#### 回転ずしのふるさと

回転ずしで流れるおすしのネタも、多くは海外から輸入しています。たとえば「まぐろ」は台湾（29.9％）、中国（12.2％）、韓国（11.5％）と近隣国から半分以上を輸入しているのです。また「うなぎ」は、台湾と中国で輸入の大半をしめています。ほかにも「えび」がベトナム（18.8％）とインド（18.4％）、「たこ」はモーリタニアやモロッコなど遠いアフリカの国から多くを輸入しています。

＊数字は2014年、数量ベース。

ブラジル サケ／ノルウェー イワシ／タンザニア カツオ

# 工場の海外移転と産業の空洞化

### 工場がなくなり、人が減り――

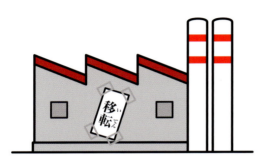

工場の閉鎖、産業の空洞化は、街をおとろえさせる原因となります。

労働者の賃金である人件費をおさえるために、海外へ工場を移転する企業も多くなりました。工場で働く人がいなくなれば街は衰退し、ますます「空洞化」が進むことになります。

## 工場閉鎖は衰退への危険シグナル

　産業の空洞化とは、企業が労働者の賃金が安い海外に工場を移転することで、国内の産業がおとろえることをいいます。産業の空洞化により、それまで国内で働いていた人たちは、働く場所を失ってしまいます。

　また、産業の空洞化で困るのは工場の人たちだけではありません。それまで工場のあった場所から人がいなくなれば、地域の経済はおとろえていくことでしょう。いわゆる「シャッター商店街」は、こうした工場閉鎖によって生まれたところが少なくありません。

> ▶ ▶ ▶ 第3章 これからの貿易

現地企業数の地域別推移

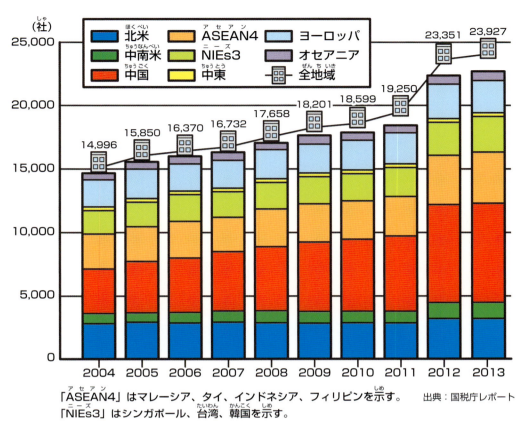

「ASEAN4」はマレーシア、タイ、インドネシア、フィリピンを示す。
「NIEs3」はシンガポール、台湾、韓国を示す。

出典：国税庁レポート

## 日本企業、東南アジアへ進出

　1990年代、日本の企業は労働者賃金の安いアジアに進出しました。当初、日本の企業が多かったのはタイ、インドネシアなどですが、近年、これらの国では賃金が高くなっています。現在、日本企業が多く進出しているのはカンボジアやベトナムなどです。

### ミニコラム

### 多国籍企業って何？

海外に生産拠点をもつ企業は多国籍企業とよばれます。海外進出の主な理由には、賃金が安い国で生産し生産費をおさえることや、まだ未開発の大きな市場で商売ができることが挙げられます。海外から企業が入ってくると、競争によって現地企業が衰退するというデメリットがありますが、仕事が増え景気が良くなると同時に、技術やノウハウを教えてもらえるというメリットもあります。

世界に生産拠点をもつ多国籍企業は、その国の経済に大きな影響をおよぼすことがあります。

# 外国人観光客が増えたわけは？

　2010年ごろから、街に外国人観光客が増えたと感じている人は多いのではないでしょうか。同時に、街の看板にさまざまな外国語の案内が記されるようになりました。こうした変化にはさまざまな理由がありますが、大きな要因として円安（→22ページ）が進んでいることが挙げられます。とくに中国のお金「元」との比較ではここ数年、円が大きく下落しています。自国で買い物をするよりも日本で買い物をしたほうが安くすむ。そのことから、中国人の日本への旅行客が一気に増え、日本の商品をまとめ買い（「爆買い」といわれる）する人が増えているのです。

　「貿易って何だ？」の項（→6ページ）にもあるように、海外旅行も貿易のひとつです。外国人観光客が日本に数多くやってくることは、外国のお金が日本にやってきて、日本の経済がうるおうことでもあります。観光地などでは、外国人向けのサービスに力を入れるところが多くなりました。それにより、街にさまざまな外国語があふれるようになった、というわけです。

中国の観光客が「爆買い」するしくみは？

# おわりに

みなさんの身の回りには、食料品、衣服、電化製品など、外国からの輸入品がたくさんあります。また、日本からも外国へ多くの製品を輸出しています。

日本国内で消費される穀物のうち、国内で収穫されたものはわずか29%にすぎません。お米は、ほぼ自給できていますが、大豆や小麦、トウモロコシなどはその大部分を輸入にたよっています。土地が狭く、農業に不向きな日本は、外国との貿易なしにはやっていけないのです。日本がいまのような豊かな国になれたのは、貿易のおかげといってもいいかもしれません。

また、日本だけではありません。世界の国々が得意なものを輸出し、不得意なものを輸入することで、地球全体がうるおう可能性があります。

経済を読み解くカギのひとつが貿易です。この本で、貿易について理解することができたでしょうか。貿易のことがわかれば、きっと経済全体への理解につながることと思います。

泉 美智子

# さくいん

### あ行

EPA …………… 28, 29, 34, 35
液化天然ガス ………………… 29
SPS協定 …………… 37, 44
エネルギー資源 ……………… 29
FTA …………… 28, 29, 30, 31
　　　　　34, 35, 42, 47, 51
円高 …………… 13, 22, 23
円安 ……………………… 22, 23

### か行

海外製品 …………………… 22
加工貿易 …………………… 11
為替 ………………………… 23
関税 …………… 20, 21, 26, 30
　　　　　　33, 35, 36, 38
　　　　　　40, 41, 44, 47, 53
逆輸入 …………… 11, 13, 15
経済 …………… 6, 8, 10, 14, 21
　　　　　32, 41, 51, 55, 59
経済圏 ……………………… 38

### さ行

経済情勢 …………………… 27
経済成長 …………… 12, 27, 43, 53
原材料 ……………………… 11, 51
工業製品 …………… 6, 8, 10, 13, 36
雇用 ………………………… 40

サービス …………………… 7
産業 ………………………… 21, 44
GDP ……………………… 31, 42
資源 …………… 6, 8, 9, 10
自由貿易 …………… 26, 27, 28, 29
　　　　　33, 35, 38, 41
食料自給率 ………………… 56
生産拠点 …………………… 11
製品 ………………… 11, 21, 37
　　　　　38, 40, 44, 52
石油危機 …………………… 12
石油資源 …………………… 29
先進国 …………… 6, 12, 27, 47, 51

## た行

多国籍企業 …………………… 59
WTO ………… 26, 27, 28, 29
TPP ………… 32, 33, 34, 35
　　　　　　36, 37, 38, 39, 40
　　　　　41, 42, 44, 45, 46, 47
東南アジア諸国連合（アセアン）… 47
途上国 ………… 6, 26, 27, 47
　　　　　　50, 51, 52, 54, 55

## な行

農産物 ……………… 6, 31, 39
　　　　　　　　　43, 53, 56

## は行

フェアトレード ………………… 55
貿易相手国 …… 37, 43, 52, 53
貿易会社 ……………………… 24
貿易額 ……………… 18, 19, 31
貿易協定 ……………………… 34
貿易港 …………………… 18, 19
貿易自由化 ………… 26, 29, 46
貿易摩擦 ………………… 52, 53
貿易立国 ……………………… 10

## ま行

モノカルチャー ………………… 27

## や行

輸出 …………… 6, 8, 11, 13,
　　　　　　　14, 16, 19, 37
　　　　　　39, 47, 50, 52, 55
輸出相手国 …………………… 16
輸出額 ………… 6, 12, 18, 53
輸出港 ………………………… 19
輸出入 ………… 10, 23, 26, 48
輸出品目 ……… 12, 14, 19, 27
輸出量 ………………………… 53
輸入 …… 6, 8, 10, 11, 15, 17
　　　　　20, 40, 43, 53, 56, 57
輸入額 ………… 12, 18, 37, 53
輸入品 …… 19, 20, 41, 43, 52
輸入品目 ……………………… 19
輸入量 ………………………… 53

## ら行

流通 …………………………… 21

監修者　**泉 美智子**　いずみ・みちこ
公立鳥取環境大学経営学部准教授、子どもの経済教育研究室代表。全国各地で金銭・経済教育を機軸に幅広いテーマで講演活動を行う傍ら、金融教育に関する著作を多数発表。テレビ・ラジオのニュース番組のコメンテーターや経済絵本作家としても活動している。日本児童文学者協会会員、経済教育学会会員、FP学会会員。

執筆　**河原和之**　かわはら・かずゆき

イラスト　**佐藤雅則**　さとう・まさのり

編集・デザイン　**ジーグレイプ株式会社**

参考文献　布施克彦『これでわかる！TPPのすべて』晋遊舎／小峰隆夫・村田啓子『貿易の知識』日経文庫／小泉祐一郎『世界一わかりやすい「TPP」の授業』中経出版／中野剛志『TPP亡国論』集英社新書／石田信隆『見えてきたTPPの正体』家の光協会／安田美絵『サルでもわかるTPP』合同出版／木暮太一『経済が世界一シンプルにつかめる本』アスカビジネス／篠原総一監修・河原和之指導協力『ゲームで学ぶ経済のしくみ5 貿易と世界経済のしくみ』学研教育出版／今宮謙二監修『経済ってなに？ 国際社会』草土文化

# よくわかる貿易
## 輸出入の役割からTPPの基本まで

2016年7月15日　第1版第1刷発行
2017年3月1日　第1版第2刷発行

監修者　泉　美智子
発行者　山崎　至
発行所　株式会社PHP研究所
　　　　東京本部　〒135-8137　江東区豊洲5-6-52
　　　　　　児童書局　出版部　☎03-3520-9635（編集）
　　　　　　　　　　　普及部　☎03-3520-9634（販売）
　　　　京都本部　〒601-8411　京都市南区西九条北ノ内町11
　　　　PHP INTERFACE　http://www.php.co.jp/
印刷所　共同印刷株式会社
製本所　東京美術紙工協業組合

©g.Grape Co.,Ltd. 2016 Printed in Japan　　ISBN978-4-569-78563-9
※本書の無断複製（コピー・スキャン・デジタル化等）は著作権法で認められた場合を除き、禁じられています。また、本書を代行業者等に依頼してスキャンやデジタル化することは、いかなる場合でも認められておりません。
※落丁・乱丁本の場合は弊社制作管理部（☎03-3520-9626）へご連絡下さい。送料弊社負担にてお取り替えいたします。

63P 29cm NDC678